LUZ PARA TODOS

Licht für alle

Eine spannende Geschichte auf Spanisch
für fortgeschrittene Anfänger
mit deutscher Übersetzung und Vokabelliste

von Valerie Springer

Impressum

Titel:
LUZ PARA TODOS
Licht für alle
aus der Reihe "Geschichten auf Spanisch: Lernen leicht gemacht"
Autorin:
Valerie Springer
Illustration Titelbild:
Lenora Sternbach
Copyright:
© 2025 Valerie Springer. Alle Rechte vorbehalten.
Hinweis:
Dieses Buch, einschließlich seiner Texte und Illustrationen, ist urheberrechtlich geschützt. Jede Vervielfältigung, Verbreitung oder öffentliche Wiedergabe auch auszugsweise ist ohne die ausdrückliche schriftliche Genehmigung der Autorin untersagt.
Haftungsausschluss:
Die Inhalte dieses Buches wurden mit größter Sorgfalt erstellt. Für die Richtigkeit, Vollständigkeit und Aktualität der Inhalte übernimmt die Autorin jedoch keine Haftung.
Verlag: BoD · Books on Demand GmbH, In de Tarpen 42, 22848 Norderstedt, bod@bod.de
Druck: Libri Plureos GmbH, Friedensallee 273, 22763 Hamburg
ISBN: 978-3-7693-5031-9

LUZ PARA TODOS

Licht für alle

Eine spannende Geschichte auf Spanisch
für fortgeschrittene Anfänger
mit deutscher Übersetzung und Vokabelliste

Valerie Springer

¡Bienvenido!

Willkommen!

Lernen hält das Gehirn fit und was könnte schöner sein, als dabei in eine spannende Geschichte einzutauchen?

Das Ziel dieses Buches ist einfach: Spanisch lernen soll Spaß machen! Lernen soll leicht, angenehm und unterhaltsam sein. Keine trockenen Grammatikübungen oder endlose Vokabellisten, sondern eine Story, die dich unterhält und ganz nebenbei dein Sprachgefühl verbessert.

Du musst keine Vokabeln pauken!

Je mehr du dich auf die Handlung einlässt und mitfühlst, desto leichter merkst du dir die Vokabeln. Denn **emotionales Lesen** aktiviert spezielle Bereiche in deinem Gehirn und das macht es spielerisch leicht, neue Wörter und Phrasen kennenzulernen und zu behalten.

Das ist das Besondere an Geschichten: Mit jedem Kapitel tauchst du tiefer in die spanische Sprache ein, und das ganz ohne Druck. Die Wörter und Phrasen prägen sich in dein Unterbewusstsein ein, einfach weil du sie im Kontext erlebst und durch die Emotionen der Geschichte verstärkst.

So macht Lernen nicht nur Spaß, sondern wird auch besonders effektiv!

Das erwartet dich:

- **Kurze Kapitel:** Die Geschichte ist so geschrieben, dass du sie Schritt für Schritt genießen kannst, ohne überfordert zu sein.
- **Einfache Sprache:** Der Text verwendet klar verständliches Spanisch, das speziell für Anfänger mit Vorkenntnissen angepasst wurde.
- **Deutsche Übersetzungen:** Jedes Kapitel enthält eine deutsche Übersetzung, falls du dich einmal mit dem Sinn eines Satzes schwertust.

So benutzt du dieses Buch:

1. Lies jedes Kapitel in Ruhe. Lass dich von der Geschichte mitreißen.
2. Lies die deutsche Übersetzung, wenn du unsicher bist, ob du den Text richtig verstanden hast.
3. Schau dir die Vokabellisten an, falls du ein Wort nicht verstehst.
4. Lies das Kapitel ein zweites Mal, und diesmal wirst du schon viel mehr verstehen!

Sprachverständnis baut sich Schritt für Schritt auf!

Also: Keine Sorge, wenn du nicht alles sofort verstehst.

Du speicherst unbewusst!

Mit Freude und Geduld wirst du immer besser!

Querido lector, querida lectora,

¡Bienvenido/a a una historia inspiradora! Esta es la historia de Leticia, una joven que logró algo grande dando pequeños pasos. En un área en la que nunca había trabajado antes, las invenciones, demostró valentía, disfrutó de sus nuevas ideas y nunca perdió la confianza en sí misma. A pesar de los desafíos, no dudó en seguir adelante.

Y al igual que Leticia, tú también tienes el valor de empezar algo nuevo: ¡estás aprendiendo español! Ya has dado el primer paso y tienes conocimientos previos, lo cual es maravilloso. Ahora continúas con entusiasmo y confianza.

Leticia no tiene miedo de cometer errores, y tú tampoco no lo tienes. Los errores son una parte natural del aprendizaje. Déjate inspirar por esta historia y recuerda: con paciencia, curiosidad y entusiasmo, todo es posible.

¡Disfruta de esta aventura!

Liebe Leserin, lieber Leser,

willkommen zu einer inspirierenden Geschichte! Dies ist die Erzählung von Leticia, einer jungen Frau, die mit kleinen Schritten Großes erreicht hat. In einem Bereich, in dem sie noch nie etwas ausprobiert hatte, Erfindungen, hat sie Mut bewiesen, Freude an neuen Ideen entwickelt und nie die Zuversicht verloren. Trotz aller Herausforderungen hat sie nie gezögert, ihren Weg zu gehen.

Und genauso wie Leticia hast auch du den Mut, etwas Neues zu beginnen: Du lernst Spanisch! Du hast bereits den ersten Schritt gemacht und Vorkenntnisse gesammelt, das ist großartig! Jetzt gehst du weiter, mit Freude und Zuversicht.

Leticia hat keine Angst vor Fehlern, und genauso hast auch du keine Angst vor Fehlern. Denn Fehler sind ein natürlicher Teil des Lernens. Lass dich von dieser Geschichte inspirieren und erinnere dich daran: Mit Geduld, Neugier und Begeisterung ist alles möglich.

Genieße dieses Abenteuer!

Capítulo 1: Un problema de electricidad

Leticia es una joven, tiene unos 20 años. Desde hace dos años trabaja en una biblioteca en Granada. En la biblioteca está a menudo tranquila, y Leticia tiene mucho tiempo para leer. Ella lee principalmente libros sobre inventos, porque siempre le han parecido interesantes.

En verano, la biblioteca está cerrada, y Leticia se toma unas semanas de vacaciones. Va de regreso a su pequeño pueblo en el campo para visitar a sus padres.

A Leticia le encanta volver a casa. Las calles tranquilas, las casas blancas y los campos verdes la hacen sentir feliz. Es muy bonito estar de nuevo allí.

La primera noche en casa, su madre enciende una vela mientras Leticia está en la cocina. "¿Qué pasa, mamá? ¿Por qué usamos velas?" pregunta Leticia.

Su madre suspira. "Otra vez se fue la luz. Últimamente tenemos cortes de electricidad todo el tiempo. Es muy difícil vivir así."

Leticia se siente frustrada. El pueblo está lejos de la proxima ciudad, y sabe que arreglar el sistema eléctrico puede tardar mucho. Esa noche, mientras intenta leer un libro bajo la luz de una vela, empieza a pensar. "Tiene que haber una solución", murmura para sí misma.

Al día siguiente, Leticia camina por el pueblo. Habla con algunos vecinos y escucha las mismas quejas. Doña María dice que no puede hacer nada sin electricidad. Don Pedro comenta que su taller está casi paralizado porque no puede trabajar sin luz. Leticia escucha con atención y decide que tiene que hacer algo. Piensa en los muchos libros que lee sobre inventos. Y sabe que tiene que inventar algo.

Esa tarde, recuerda algo que vio en Granada: una tienda de segunda mano llena de bicicletas viejas. Muchas estaban abandonadas porque la gente ahora prefiere bicicletas eléctricas. Leticia sonríe mientras se dice a sí misma: "Tal vez esas bicicletas viejas pueden ser útiles aquí."

De regreso a casa, se sienta en el cobertizo de su padre. Mira las herramientas y los materiales que hay allí. "Si puedo usar los dynamos de esas bicicletas para generar electricidad, podríamos solucionar este problema", piensa emocionada.

Esa noche, Leticia escribe en su cuaderno:

"Proyecto: Generación de electricidad con bicicletas viejas. Primer paso: encontrar dynamos y materiales en Granada."

Kapitel 1: Ein Problem mit der Elektrizität

Leticia ist eine junge Frau, sie ist ungefähr 20 Jahre alt. Seit zwei Jahren arbeitet sie in einer Bibliothek in Granada. In der Bibliothek ist es oft ruhig, und Leticia hat viel Zeit zum Lesen. Sie liest vor allem Bücher über Erfindungen, weil sie diese schon immer spannend fand.

Im Sommer ist die Bibliothek geschlossen, und Leticia nimmt sich ein paar Wochen Urlaub. Sie fährt zurück in ihr kleines Heimatdorf auf dem Lande, um ihre Eltern zu besuchen.

Leticia liebt es, nach Hause zu kommen. Die ruhigen Straßen, die weißen Häuser und die grünen Felder machen sie glücklich. Es fühlt sich gut an, wieder dort zu sein.

Doch dieses Mal hat sich etwas verändert.

Am ersten Abend zu Hause zündet ihre Mutter eine Kerze an, während Leticia in der Küche ist. "Was ist los, Mama? Warum benutzen wir Kerzen?" fragt Leticia.

Ihre Mutter seufzt. "Der Strom ist schon wieder ausgefallen. In letzter Zeit haben wir ständig Stromausfälle. Es ist sehr schwierig, so zu leben."

Leticia fühlt sich frustriert. Das Dorf liegt weit entfernt von der nächsten größeren Stadt, und sie weiß, dass es lange dauern kann, das Stromnetz zu reparieren. In dieser Nacht versucht sie, ein Buch bei Kerzenlicht zu lesen, und beginnt nachzudenken. "Es muss eine Lösung geben", murmelt sie vor sich hin.

Am nächsten Tag geht Leticia durch das Dorf. Sie spricht mit einigen Nachbarn und hört die gleichen Beschwerden. Doña María sagt, dass sie ohne Strom nichts machen kann. Don Pedro erzählt, dass seine Werkstatt fast stillsteht, weil er ohne Strom nicht arbeiten kann. Leticia hört aufmerksam zu und beschließt, dass sie etwas tun muss. Sie denkt an die vielen Bücher über Erfindungen, die sie gelesen hat. Sie weiß, dass sie etwas erfinden muss.

Am Nachmittag erinnert sie sich an etwas, das sie in Granada gesehen hat: ein Secondhand-Laden voller alter Fahrräder. Viele standen dort, weil die Leute inzwischen elektrische Fahrräder bevorzugen. Leticia lächelt und denkt: "Vielleicht können diese alten Fahrräder hier nützlich sein."

Zu Hause setzt sie sich in den Schuppen ihres Vaters. Sie sieht sich die Werkzeuge und Materialien an, die dort gelagert sind. "Wenn ich die Dynamos von diesen Fahrrädern nutzen kann, um Strom zu erzeugen, könnten wir dieses Problem lösen", denkt sie begeistert.

An diesem Abend schreibt Leticia in ihr Notizbuch:

"Projekt: Stromerzeugung mit alten Fahrrädern. Erster Schritt: Dynamos und Materialien in Granada finden."

Vokabelliste

la electricidad	die Elektrizität
el pueblo	das Dorf
el corte de electricidad	der Stromausfall
la vela	die Kerze
la queja	die Beschwerde
solucionar	lösen
útil	nützlich
la bicicleta	das Fahrrad
la bicicleta eléctrica	das E-Bike
el taller	die Werkstatt
el dínamo	der Dynamo
la herramienta	das Werkzeug
el material	das Material
almacenar	lagern
el libro	das Buch
murmurar	murmeln
frustrado/a	frustriert
recordar	sich erinnern
decidir	beschließen
escuchar	zuhören
encontrar	finden
el proyecto	das Projekt

Capítulo 2: La búsqueda de materiales

Al día siguiente, Leticia se levanta temprano y toma el autobús a Granada. Lleva consigo una lista en su cuaderno: "Dynamos, cables, baterías y bombillas." Quiere encontrar todo lo que necesita para empezar su proyecto.

Cuando llega a la ciudad, Leticia va directamente a una tienda de segunda mano que recuerda bien. Es un lugar lleno de cosas viejas: muebles, electrodomésticos, herramientas y, por supuesto, bicicletas. Al fondo de la tienda, ve una fila de bicicletas polvorientas y oxidadas. Muchas tienen pequeños generadores en las ruedas.

"Hola", dice Leticia al dueño de la tienda. "¿Cuánto cuestan estas bicicletas viejas?"

El hombre la mira con curiosidad. "Depende de la bicicleta. Algunas están muy dañadas, pero si solo necesitas partes, te las puedo vender más barato."

Leticia sonríe. "Perfecto. Solo necesito los dynamos."

El dueño asiente. "Te los vendo por cinco euros cada uno. ¿Cuántos quieres?"

Leticia cuenta las bicicletas y responde: "Me llevo seis."

Después de negociar, Leticia sale de la tienda con una caja llena de dynamos y algunas piezas de bicicleta. También visita una ferretería cercana para comprar cables y bombillas. En cada tienda explica su idea a los vendedores, y aunque algunos la miran con escepticismo, otros le dan consejos útiles.

De regreso al pueblo, Leticia descarga todo en el cobertizo. Su hermano Alejandro llega poco después de su trabajo en el taller de Don Manuel. "¿Qué es todo esto?" pregunta, señalando la caja de dynamos.

"Es para mi proyecto", responde Leticia emocionada. "Voy a construir una máquina que genere electricidad con estos dynamos."

Alejandro se inclina para inspeccionar las piezas. "Es interesante. Puedo ayudarte después del trabajo."

"Gracias", dice Leticia. "Necesito alguien que sepa de mecánica."

Esa noche, Leticia comienza a diseñar el primer prototipo. Dibuja un esquema en su cuaderno: los dynamos conectados a un sistema de pedales y a una batería para almacenar la energía.

Mira su dibujo con satisfacción. "Esto puede funcionar", dice en voz alta.

Kapitel 2: Die Suche nach Materialien

Am nächsten Tag steht Leticia früh auf und nimmt den Bus nach Granada. Sie hat eine Liste in ihrem Notizbuch: "Dynamos, Kabel, Batterien und Glühbirnen." Sie will alles finden, was sie für ihr Projekt braucht.

Als sie in der Stadt ankommt, geht Leticia direkt in einen Secondhand-Laden, den sie gut kennt. Der Laden ist voller alter Dinge: Möbel, Elektrogeräte, Werkzeuge und natürlich Fahrräder. Hinten im Laden sieht sie eine Reihe staubiger, rostiger Fahrräder. Viele haben kleine Generatoren an den Rädern.

"Hallo", sagt Leticia zum Ladenbesitzer. "Was kosten diese alten Fahrräder?"

Der Mann schaut sie neugierig an. "Das kommt auf das Fahrrad an. Einige sind ziemlich kaputt, aber wenn du nur die Teile brauchst, kann ich sie dir günstiger verkaufen."

Leticia lächelt. "Perfekt. Ich brauche nur die Dynamos."

Der Besitzer nickt. "Ich verkaufe sie dir für fünf Euro pro Stück. Wie viele möchtest du?"

Leticia zählt die Fahrräder und antwortet: "Ich nehme sechs."

Nach einigem Verhandeln verlässt Leticia den Laden mit einer Kiste voller Dynamos und einigen Fahrradteilen. Sie besucht auch einen nahegelegenen Baumarkt, um Kabel und Glühbirnen zu kaufen. In jedem Geschäft erklärt sie den Verkäufern ihre Idee, und obwohl einige skeptisch reagieren, geben ihr andere hilfreiche Tipps.

Zurück im Dorf lädt Leticia alles im Schuppen ab. Kurz darauf kommt ihr Bruder Alejandro von seiner Arbeit in Don Manuels Werkstatt nach Hause. "Was ist das alles?" fragt er und deutet auf die Kiste mit den Dynamos.

"Das ist für mein Projekt", antwortet Leticia aufgeregt. "Ich werde eine Maschine bauen, die mit diesen Dynamos Strom erzeugt."

Alejandro beugt sich vor, um die Teile genauer anzuschauen. "Interessant. Ich kann dir nach der Arbeit helfen."

"Danke", sagt Leticia. "Ich brauche jemanden, der sich mit Mechanik auskennt."

An diesem Abend beginnt Leticia, den ersten Prototypen zu entwerfen. Sie zeichnet ein Schema in ihr Notizbuch: Dynamos, die mit einem Pedalsystem verbunden sind, und eine Batterie, um die Energie zu speichern.

Zufrieden betrachtet sie ihre Zeichnung. "Das könnte funktionieren", sagt sie laut.

Vokabelliste

la búsqueda	die Suche
el material	das Material
la bicicleta	das Fahrrad
el dínamo	der Dynamo
el cable	das Kabel
la batería	die Batterie
la bombilla	die Glühbirne
tienda de segunda mano	Secondhand-Laden
oxidado/a	rostig
polvoriento/a	staubig
el dueño	der Besitzer
negociar	verhandeln
vender	verkaufen
la caja	die Kiste
inspeccionar	untersuchen
el esquema	das Schema
el pedal	das Pedal
almacenar	speichern
el sistema	das System
el prototipo	der Prototyp
satisfecho/a	zufrieden
ayudar	helfen

Capítulo 3: El primer intento

Los días siguientes son muy ocupados para Leticia y Alejandro. Cada tarde, después de que Alejandro regresa del taller de Don Manuel, trabajan juntos en el cobertizo. Leticia organiza las herramientas, mientras Alejandro inspecciona los dynamos y las piezas de las bicicletas.

"Estos dynamos todavía funcionan bien", dice Alejandro, conectando uno a un cable. "Solo tenemos que limpiarlos y asegurarnos de que giren sin problemas."

"Perfecto", responde Leticia. "Voy a preparar un soporte para montar el sistema."

Usan un viejo marco de bicicleta para construir la base del prototipo. Leticia adapta un pedal al dynamo, mientras Alejandro asegura los cables que llevarán la energía. Todo es simple, pero funcional.

Cuando terminan, Leticia dice emocionada: "Es hora de probarlo."

Alejandro se sienta en el asiento de la bicicleta y comienza a pedalear. El dynamo gira, y Leticia conecta una bombilla al sistema. "Vamos a ver si funciona", dice, y enciende la bombilla.

La luz parpadea por un segundo y luego se ilumina con fuerza. Leticia salta de alegría. "¡Lo logramos, Alejandro! ¡Generamos electricidad!"

Alejandro sonríe, pero advierte: "Es solo el principio. Ahora tenemos que hacerlo más eficiente."

Esa noche, en la cocina y tomando una copa de vino, Leticia y Alejandro se plantean qué próximos pasos pueden dar. "Podemos enseñar a los vecinos a utilizar el sistema", dice Leticia.

Alejandro asiente. "Así, todos pueden tener electricidad durante los cortes de luz".

Antes de dormir, Leticia escribe en su cuaderno:

"Prototipo funcional. Próximo paso: optimizar el diseño y crear un sistema que funcione para varias casas."

Tumbada en su cama, no puede dejar de pensar en lo que han conseguido con la bicicleta. "No podemos tener siempre a alguien pedaleando para generar electricidad", piensa. "Tiene que haber una solución más fácil".

Mira el ventilador del techo, que cuelga inmóvil por falta de electricidad. Su mirada se queda fija en las aspas y poco a poco el sueño la vence. En el limbo entre la vigilia y el sueño, una idea se forma en su cabeza: ¿y si podemos utilizar el viento para mover algo como un ventilador y generar energía? ¿Pequeños molinos en los tejados de las casas?

Con esta imagen en la cabeza, Leticia se duerme rápidamente mientras una nueva posibilidad toma forma.

Kapitel 3: Der erste Versuch

Die nächsten Tage sind für Leticia und Alejandro sehr arbeitsreich. Jeden Nachmittag, nachdem Alejandro von der Werkstatt bei Don Manuel zurückkommt, arbeiten sie gemeinsam im Schuppen. Leticia ordnet die Werkzeuge, während Alejandro die Dynamos und Fahrradteile überprüft.

"Diese Dynamos funktionieren noch gut", sagt Alejandro, während er einen Dynamo an ein Kabel anschließt. "Wir müssen sie nur reinigen und sicherstellen, dass sie reibungslos drehen."

"Perfekt", antwortet Leticia. "Ich bereite eine Halterung vor, um das System zu montieren."

Sie verwenden einen alten Fahrradrahmen, um die Basis für den Prototyp zu bauen. Leticia befestigt ein Pedal am Dynamo, während Alejandro die Kabel anschließt, die die Energie leiten sollen. Alles ist einfach, aber funktional.

Als sie fertig sind, sagt Leticia aufgeregt: "Es ist Zeit, es auszuprobieren."

Alejandro setzt sich auf den Fahrradsitz und beginnt zu treten. Der Dynamo dreht sich, und Leticia verbindet eine Glühbirne mit dem System. "Mal sehen, ob es funktioniert", sagt sie und schaltet die Glühbirne ein.

Das Licht flackert einen Moment lang, bevor es hell aufleuchtet. Leticia springt vor Freude auf. "Wir haben es geschafft, Alejandro! Wir haben Strom erzeugt!"

Alejandro lächelt, warnt jedoch: "Das ist erst der Anfang. Jetzt müssen wir es effizienter machen."

An diesem Abend in der Küche bei einem Glas Wein überlegen Leticia und Alejandro, welche nächsten Schritte sie unternehmen können. ""Wir könnten den Nachbarn beibringen, wie man das System benutzt", sagt Leticia.

Alejandro nickt. "So könnten alle während der Stromausfälle Elektrizität haben."

Bevor sie schlafen geht, schreibt Leticia in ihr Notizbuch:

"Funktionsfähiger Prototyp. Nächster Schritt: das Design optimieren und ein System für mehrere Häuser entwickeln."

Als sie auf ihrem Bett liegt, kann sie nicht aufhören, darüber nachzudenken, was sie mit dem Fahrrad erreicht haben. "Wir können nicht immer jemanden haben, der in die Pedale tritt, um Strom zu erzeugen", denkt sie. "Es muss doch eine einfachere Lösung geben."

Sie blickt auf den Deckenventilator, der wegen des fehlenden Stroms bewegungslos hängt. Ihr Blick bleibt auf den Flügeln haften, und allmählich übermannt sie der Schlaf. In der Schwebe zwischen Wachen und Schlafen formt sich in ihrem Kopf eine Idee: Wie wäre es, wenn wir den Wind nutzen würden, um etwas wie einen Ventilator zu bewegen und Energie zu erzeugen? Kleine Windmühlen auf den Dächern der Häuser?

Mit diesem Bild im Kopf schläft Leticia schnell ein, während eine neue Möglichkeit Gestalt annimmt.

Vokabelliste

el intento	der Versuch
el cobertizo	der Schuppen
la herramienta	das Werkzeug
inspeccionar	überprüfen
el soporte	die Halterung
montar	montieren
funcional	funktional
el marco	der Rahmen
el pedal	das Pedal
asegurar	befestigen
la batería	die Batterie
cargar	aufladen
la bombilla	die Glühbirne
encender	einschalten
parpadear	flackern
eficiente	effizient
reflexionar	nachdenken
optimizar	optimieren
diseñar	entwerfen
generar	erzeugen
suficiente	genug
enseñar	beibringen

Capítulo 4: Una idea con viento

Leticia quiere comenzar a trabajar en la idea de combinar los dynamos con pequeños molinos de viento. Una tarde, mientras revisan los materiales en el cobertizo, Leticia explica su plan a Alejandro. "Los dynamos pueden generar electricidad cuando las ruedas giran. ¿Qué pasaría si los conectamos a un pequeño molino de viento en lugar de un pedal?"

Alejandro asiente. "Tiene sentido. El viento aquí sopla casi todo el tiempo, sobre todo en las noches."

Leticia sonríe. "Exacto. Si ponemos un molino en cada casa, todos podrían tener un poco de luz cuando el suministro eléctrico falle."

Alejandro comienza a dibujar un diseño en un trozo de papel. "Podemos usar estas aspas de ventilador viejas para construir las hélices", dice, señalando unas piezas oxidadas en una esquina del cobertizo.

"Buena idea", responde Leticia. "Y tenemos que usar un soporte para colocarlo en los techos."

Esa misma tarde, Alejandro monta el primer prototipo. Conecta un dynamo a las aspas del ventilador y lo asegura a un marco de madera. Leticia añade cables que llevan la energía a una bombilla. Una vez terminado, llevan el molino al tejado del cobertizo para probarlo.

El viento sopla con fuerza cuando Alejandro ajusta el molino en su lugar. Leticia observa desde abajo con nerviosismo. "¿Crees que funcionará?" pregunta.

"Solo hay una forma de saberlo", responde Alejandro mientras termina de fijarlo.

Cuando las aspas empiezan a girar, el dynamo genera un leve zumbido. Leticia corre al cobertizo para verificar la luz de la bombilla. "¡Funciona!" grita emocionada.

Alejandro baja del techo y se une a ella. "Es un buen comienzo. Ahora tenemos que hacer más y probarlos en diferentes casas."

En los días siguientes, Leticia y Alejandro trabajan sin descanso para construir más molinos. Usan materiales reciclados del pueblo y piden ayuda a Don Manuel para reforzar las estructuras metálicas. Poco a poco, los vecinos comienzan a interesarse. Doña María, una de las primeras en probar el sistema, dice emocionada: "Gracias a este molino puedo encender una luz en la cocina por la noche."

Leticia y Alejandro sienten que están logrando algo importante. Esa noche, Leticia escribe en su cuaderno:

"Primeros molinos instalados con éxito. Próximo paso: mejorar la resistencia al viento y expandir el proyecto al resto del pueblo."

Kapitel 4: Eine Idee mit Wind

Leticia will beginnen, an der Idee zu arbeiten, Dynamos mit kleinen Windrädern zu kombinieren. Eines Nachmittags, während sie die Materialien im Schuppen durchsuchen, erklärt Leticia Alejandro ihren Plan. "Die Dynamos können Strom erzeugen, wenn sich die Räder drehen. Was wäre, wenn wir sie an ein kleines Windrad anschließen, anstatt an ein Pedal?"

Alejandro nickt. "Das ergibt Sinn. Der Wind weht hier fast die ganze Zeit, vor allem nachts."

Leticia lächelt. "Genau. Wenn wir auf jedes Haus ein Windrad setzen, könnten alle ein bisschen Licht haben, wenn der Strom ausfällt."

Alejandro beginnt, ein Design auf ein Stück Papier zu zeichnen. "Wir können diese alten Ventilatorflügel benutzen, um die Rotorblätter zu bauen", sagt er und zeigt auf einige verrostete Teile in einer Ecke des Schuppens.

"Gute Idee", antwortet Leticia. "Und wir können eine Halterung verwenden, um sie auf den Dächern zu befestigen."

Noch am selben Nachmittag baut Alejandro den ersten Prototyp. Er verbindet einen Dynamo mit den Ventilatorflügeln und befestigt ihn an einem Holzrahmen. Leticia fügt Kabel hinzu, die die Energie zu einer Glühbirne leiten. Als der Prototyp fertig ist, bringen sie das Windrad auf das Dach des Schuppens, um es zu testen.

Der Wind weht kräftig, als Alejandro das Windrad an seinem Platz befestigt. Leticia beobachtet nervös von unten. "Glaubst du, es wird funktionieren?" fragt sie.

"Das finden wir nur heraus, wenn wir es ausprobieren", antwortet Alejandro, während er die letzten Schrauben anzieht.

Als sich die Rotorblätter zu drehen beginnen, erzeugt der Dynamo ein leises Summen. Leticia rennt in den Schuppen, um die Glühbirne zu überprüfen. "Sie leuchtet!", ruft sie begeistert.

Alejandro klettert vom Dach und sieht sich die Batterie an. "Ein guter Anfang. Jetzt müssen wir mehr Windräder bauen und sie an verschiedenen Häusern testen."

In den folgenden Tagen arbeiten Leticia und Alejandro unermüdlich daran, weitere Windräder zu bauen. Sie verwenden recycelte Materialien aus dem Dorf und bitten Don Manuel um Hilfe, um die Metallteile zu verstärken. Nach und nach beginnen die Dorfbewohner, sich für die Idee zu interessieren. Doña María, eine der ersten, die das System ausprobiert, sagt begeistert: "Dank dieses Windrads kann ich abends Licht in meiner Küche einschalten."

Leticia und Alejandro haben das Gefühl, etwas Großes zu erreichen. An diesem Abend schreibt Leticia in ihr Notizbuch:

"Erste Windräder erfolgreich installiert. Nächster Schritt: die Widerstandsfähigkeit gegen den Wind verbessern und das Projekt auf das ganze Dorf ausweiten."

Vokabelliste

el molino de viento	das Windrad
el dínamo	der Dynamo
la electricidad	die Elektrizität
generar	erzeugen
las aspas	die Rotorblätter
el soporte	die Halterung
instalar	installieren
el tejado	das Dach
el marco	der Rahmen
reforzar	verstärken
la estructura	die Struktur
cargar	laden
la batería recargable	die wiederaufladbare Batterie
el vecino	der Nachbar
funcionar	funktionieren
comprobar/ verificar	überprüfen
la resistencia	die Widerstandsfähigkeit
expandir	ausweiten
el prototipo	der Prototyp
el reciclaje	das Recycling
el proyecto	das Projekt
la luz	das Licht

Capítulo 5: La expansión del proyecto

Se acabaron las vacaciones de verano de Leticia. Tiene que volver a Granada a trabajar. A partir de ahora, viene al pueblo todos los viernes y se queda hasta el lunes por la mañana para coger el primer autobús al trabajo.

Con los primeros molinos instalados y funcionando, Leticia y Alejandro comienzan a pensar en cómo expandir el proyecto al resto del pueblo. Los vecinos que ya tienen los molinos están encantados. Doña Pilar comenta: "Puedo leer mi libro favorito por la noche sin preocuparme por las velas." Don Pedro añade: "Gracias a este sistema, mi taller tiene luz suficiente para trabajar durante los cortes de electricidad."

Una tarde, Leticia organiza una reunión en la plaza del pueblo para explicar el proyecto a todos. Alejandro lleva uno de los molinos al centro de la plaza para mostrar cómo funciona. Leticia comienza a hablar:

"Buenas tardes a todos. Como saben, aquí en el pueblo sufrimos muchos cortes de luz. Alejandro y yo hemos trabajado en una solución simple: pequeños molinos de viento que generan electricidad para cada casa."

Los vecinos observan con curiosidad mientras Alejandro conecta el molino a una bombilla, que se enciende al girar las aspas. "Esto es lo que hemos creado", dice Leticia con orgullo. "Con materiales reciclados y un poco de trabajo, podemos instalar un molino en cada casa."

Uno de los vecinos, Don Julián, se muestra escéptico. "¿Y cuánto nos va a costar esto?" pregunta con el ceño fruncido.

Leticia responde con calma: "El costo es bajo porque usamos materiales reciclados. Además, Alejandro y yo ofrecemos nuestra ayuda para construirlos."

Otra vecina, Doña Carmen, levanta la mano. "¿Realmente es suficiente energía para algo más que una bombilla?"

Alejandro asiente. "Sí, aunque no es suficiente para todo, sirve para encender luces pequeñas o cargar un teléfono."

Después de escuchar las explicaciones, la mayoría de los vecinos parecen interesados. Al final de la reunión, varios se acercan a Leticia y Alejandro para preguntar cómo pueden participar. Leticia anota sus nombres en una lista y les promete que visitarán cada casa para evaluar dónde instalar los molinos.

En las semanas siguientes, el proyecto avanza rápidamente. Alejandro enseña a algunos vecinos cómo construir y mantener los molinos, mientras Leticia supervisa las instalaciones. Poco a poco, el pueblo empieza a cambiar. En las noches, pequeñas luces brillan en las ventanas, incluso cuando hay cortes de electricidad.

Una noche, mientras observa el pueblo desde la plaza, Leticia siente una profunda satisfacción. Alejandro, a su lado, le dice: "Has hecho algo increíble, Leticia. Ahora todos tienen un poco de luz, incluso en la oscuridad."

Leticia sonríe y responde: "No lo hice sola. Fue un esfuerzo de todos."

Antes de dormir, escribe en su cuaderno:

"El proyecto se expande. El pueblo tiene luz en las noches. Próximo paso: pensar en cómo mejorar la eficiencia de los molinos."

Kapitel 5: Die Ausweitung des Projekts

Die Sommerferien von Leticia sind vorbei. Sie muss zurück nach Granada, um zu arbeiten. Von nun an kommt sie jeden Freitag ins Dorf und bleibt bis Montagmorgen, um den ersten Bus zur Arbeit zu nehmen.

Mit den ersten installierten und funktionierenden Windrädern beginnen Leticia und Alejandro, darüber nachzudenken, wie sie das Projekt auf das ganze Dorf ausweiten können. Die Nachbarn, die bereits Windräder haben, sind begeistert. Doña Pilar sagt: "Ich kann abends mein Lieblingsbuch lesen, ohne mir Sorgen um Kerzen machen zu müssen." Don Pedro fügt hinzu: "Dank dieses Systems habe ich genug Licht, um während der Stromausfälle in meiner Werkstatt zu arbeiten."

Eines Nachmittags organisiert Leticia ein Treffen auf dem Dorfplatz, um allen das Projekt zu erklären. Alejandro bringt eines der Windräder in die Mitte des Platzes, um zu zeigen, wie es funktioniert. Leticia beginnt zu sprechen:

"Guten Tag zusammen. Wie ihr wisst, haben wir hier im Dorf häufig Stromausfälle. Alejandro und ich haben an einer einfachen Lösung gearbeitet: kleine Windräder, die Strom für jedes Haus erzeugen können."

Die Nachbarn schauen neugierig zu, während Alejandro das Windrad mit einer Glühbirne verbindet, die aufleuchtet, sobald sich die Rotorblätter drehen. "Das ist, was wir entwickelt haben", sagt Leticia stolz. "Mit recycelten Materialien und etwas Arbeit können wir ein Windrad auf jedes Dach setzen."

Ein Nachbar, Don Julián, zeigt sich skeptisch. "Und wie viel wird uns das kosten?" fragt er mit gerunzelter Stirn.

Leticia antwortet ruhig: "Die Kosten sind niedrig, weil wir recycelte Materialien verwenden. Außerdem bieten Alejandro und ich unsere Hilfe beim Bau an."

Eine andere Nachbarin, Doña Carmen, hebt die Hand. "Ist das wirklich genug Energie für mehr als eine Glühbirne?"

Alejandro nickt. "Ja, auch wenn es nicht für alles reicht, ist es genug, um kleine Lampen einzuschalten oder ein Telefon zu laden."

Nach den Erklärungen scheinen die meisten Nachbarn interessiert zu sein. Am Ende der Versammlung kommen mehrere auf Leticia und Alejandro zu, um zu fragen, wie sie mitmachen können. Leticia schreibt ihre Namen auf eine Liste und verspricht, jedes Haus zu besuchen, um zu sehen, wo die Windräder installiert werden können.

In den folgenden Wochen schreitet das Projekt schnell voran. Alejandro zeigt einigen Nachbarn, wie sie die Windräder bauen und warten können, während Leticia die Installationen überwacht. Nach und nach verändert sich das Dorf. In den Nächten leuchten kleine Lichter in den Fenstern, selbst wenn der Strom ausfällt.

An einem Abend, während sie vom Dorfplatz aus die leuchtenden Fenster betrachtet, fühlt Leticia eine tiefe

Zufriedenheit. Alejandro, der neben ihr steht, sagt: "Du hast etwas Unglaubliches geschafft, Leticia. Jetzt hat jeder ein bisschen Licht, selbst in der Dunkelheit."

Leticia lächelt und antwortet: "Ich habe es nicht allein geschafft. Es war eine Gemeinschaftsleistung."

Bevor sie schlafen geht, schreibt sie in ihr Notizbuch:

"Das Projekt wächst. Das Dorf hat nachts Licht. Nächster Schritt: überlegen, wie die Effizienz der Windräder verbessert werden kann."

Vokabelliste

expandir	ausweiten
la reunión	das Treffen
la plaza	der Platz
la bombilla	die Glühbirne
encender	einschalten
el vecino	der Nachbar
el escepticismo	die Skepsis
el costo	die Kosten
los materiales reciclados	die recycelten Materialien
suficiente	genug
enseñar	beibringen
mantener	warten (technisch)
supervisar	überwachen
instalar	installieren
la ventana	das Fenster
la satisfacción	die Zufriedenheit
el esfuerzo	die Anstrengung
la eficiencia	die Effizienz
la oscuridad	die Dunkelheit
iluminarse	aufleuchten
participar	mitmachen
el proyecto	das Projekt

Capítulo 6: Mejorando el diseño

Con el proyecto en marcha y varios molinos ya instalados, Leticia y Alejandro empiezan a notar algunos desafíos. Una tarde, mientras revisan uno de los molinos, Doña María se acerca con preocupación. "Leticia, esta mañana el viento era muy fuerte y las aspas del molino se movían demasiado rápido. Me preocupa que pueda romperse."

Leticia asiente. "Gracias por decírmelo, Doña María. Lo revisaremos."

De vuelta en el cobertizo, Alejandro menciona: "Tal vez necesitamos un sistema que controle la velocidad de las aspas cuando el viento es demasiado fuerte."

"¿Como un freno?" pregunta Leticia.

"Sí, algo simple, como un mecanismo que limite el giro cuando alcanza cierta velocidad", responde Alejandro.

Esa noche, Alejandro investiga diferentes ideas para resolver el problema, mientras Leticia busca inspiración en los libros que trajo de la biblioteca. Al día siguiente, comienzan a trabajar en un nuevo diseño. Alejandro utiliza una banda de goma y una pequeña polea para crear un sistema que reduzca la velocidad de las aspas cuando el viento es demasiado fuerte.

El primer prototipo funciona bien en el cobertizo, pero necesitan probarlo en condiciones reales. Instalan el sistema en uno de los molinos de prueba en el taller de Don Manuel. Esa misma tarde, el viento comienza a soplar fuerte. Leticia y Alejandro observan desde la distancia cómo el molino reduce su velocidad automáticamente. "¡Funciona!" dice Alejandro con una sonrisa.

"Esto ayudará a que los molinos duren más tiempo", responde Leticia.

Una vez que el nuevo diseño está probado, visitan las casas donde ya hay molinos instalados para actualizarlos. Los vecinos están agradecidos por las mejoras. "Es increíble cómo no solo piensan en una solución, sino también en cómo hacerla mejor", dice Don Pedro.

En las semanas siguientes, el proyecto se expande aún más. Con el nuevo diseño, los molinos son más resistentes y eficientes. Leticia y Alejandro también empiezan a documentar todo el proceso: los materiales que utilizan, los costos y las instrucciones para construir los molinos.

"Esto puede ser útil para otras personas en el futuro", dice Leticia mientras escribe en su cuaderno.

Alejandro asiente. "Incluso podríamos compartirlo con otras comunidades que necesiten soluciones como esta."

Esa noche, Leticia escribe en su cuaderno:

"Diseño mejorado con sistema de freno. Próximo paso: completar la documentación y explorar cómo hacer el proyecto más accesible para otras comunidades."

Kapitel 6: Verbesserung des Designs

Mit dem laufenden Projekt und mehreren installierten Windrädern bemerken Leticia und Alejandro einige Herausforderungen. Eines Nachmittags, während sie eines der Windräder überprüfen, kommt Doña María besorgt auf sie zu. "Leticia, heute Morgen war der Wind sehr stark, und die Rotorblätter des Windrads haben sich viel zu schnell gedreht. Ich habe Angst, dass es kaputtgehen könnte."

Leticia nickt. "Danke, dass Sie es mir gesagt haben, Doña María. Wir werden uns darum kümmern."

Zurück im Schuppen schlägt Alejandro vor: "Vielleicht brauchen wir ein System, das die Geschwindigkeit der Rotorblätter begrenzt, wenn der Wind zu stark wird."

"Wie eine Bremse?" fragt Leticia.

"Ja, etwas Einfaches, wie ein Mechanismus, der das Drehen bei einer bestimmten Geschwindigkeit verlangsamt", antwortet Alejandro.

An diesem Abend recherchiert Alejandro verschiedene Ideen, um das Problem zu lösen, während Leticia in den Büchern nach Inspiration sucht, die sie aus der Bibliothek mitgebracht hat. Am nächsten Tag beginnen sie, an einem neuen Design zu arbeiten. Alejandro verwendet ein Gummiband und eine kleine Rolle, um ein System zu bauen, das die Geschwindigkeit der Rotorblätter reduziert, wenn der Wind zu stark ist.

Der erste Prototyp funktioniert gut im Schuppen, aber sie müssen ihn unter realen Bedingungen testen. Sie installieren das System an einem der Test-Windräder in Don Manuels Werkstatt. Noch am selben Nachmittag weht der Wind stark. Leticia und Alejandro beobachten aus der Ferne, wie das Windrad seine Geschwindigkeit automatisch reduziert. "Es funktioniert!" sagt Alejandro mit einem Lächeln.

"Das wird helfen, die Windräder langlebiger zu machen", antwortet Leticia.

Nachdem das neue Design getestet wurde, besuchen sie die Häuser, in denen bereits Windräder installiert sind, um die Systeme zu aktualisieren. Die Nachbarn sind dankbar für die Verbesserungen. "Es ist beeindruckend, wie ihr nicht nur an einer Lösung arbeitet, sondern auch daran, sie zu verbessern", sagt Don Pedro.

In den folgenden Wochen wächst das Projekt weiter. Mit dem neuen Design sind die Windräder stabiler und effizienter. Leticia und Alejandro beginnen auch, den gesamten Prozess zu dokumentieren: die verwendeten Materialien, die Kosten und die Bauanleitungen für die Windräder.

"Das könnte in Zukunft anderen Menschen nützlich sein", sagt Leticia, während sie in ihr Notizbuch schreibt.

Alejandro nickt. "Wir könnten es sogar mit anderen Gemeinden teilen, die ähnliche Lösungen brauchen."

An diesem Abend schreibt Leticia in ihr Notizbuch:

"Verbessertes Design mit Bremssystem. Nächster Schritt:
Dokumentation abschließen und prüfen, wie das Projekt
für andere Gemeinden zugänglich gemacht werden kann."

Vokabelliste

mejorar	verbessern
el diseño	das Design
la velocidad	die Geschwindigkeit
limitar	begrenzen
el freno	die Bremse
el mecanismo	der Mechanismus
investigar	recherchieren
el prototipo	der Prototyp
instalar	installieren
resistente	langlebig
eficiente	effizient
documentar	dokumentieren
el proceso	der Prozess
la comunidad	die Gemeinschaft
útil	nützlich
las instrucciones	die Anleitungen
agradecer	danken
el material	das Material
la solución	die Lösung
compartir	teilen
actualizar	aktualisieren
explorar	prüfen

Capítulo 7: El apoyo de la comunidad

Con los molinos funcionando y las mejoras implementadas, Leticia y Alejandro notan un cambio en el pueblo. Cada noche, pequeñas luces brillan en las ventanas, y los vecinos hablan cada vez más sobre los efectos positivos del proyecto. Algunos de ellos incluso comienzan a proponer sus propias ideas.

Una tarde, Don Pedro reúne a un grupo de vecinos en la plaza y dice: "Este proyecto es importante para todos nosotros. Creo que debemos ayudar más a Leticia y Alejandro."

Doña María asiente. "Podemos recolectar materiales viejos para que puedan construir más molinos."

"Y podemos organizarnos por turnos para ayudar con la instalación", añade Don Julián, esta vez sin escepticismo.

Leticia y Alejandro, que también están en la plaza, escuchan con entusiasmo. Leticia se levanta para hablar: "Gracias a todos por su apoyo. Esto no es solo nuestro proyecto, es un esfuerzo de toda la comunidad."

En los días siguientes, los vecinos llevan todo tipo de materiales reciclables al taller de Don Manuel. Alejandro clasifica las piezas, y Leticia planifica las próximas instalaciones.

Con la ayuda de la comunidad, instalan los nuevos sistemas en varias casas del pueblo. Durante una noche especialmente ventosa, Leticia se detiene en la plaza y observa las luces que iluminan las ventanas. Alejandro se le acerca con una sonrisa y dice: "Mira lo que hemos logrado juntos."

Esa noche, Leticia escribe en su cuaderno:

"La comunidad trabaja unida. Próximo paso: seguir mejorando el sistema para hacerlo aún más eficiente."

Kapitel 7: Die Unterstützung der Gemeinschaft

Mit den funktionierenden Windrädern und den umgesetzten Verbesserungen bemerken Leticia und Alejandro eine Veränderung im Dorf. Jeden Abend leuchten kleine Lichter in den Fenstern, und die Nachbarn sprechen immer mehr über die positiven Auswirkungen des Projekts. Einige von ihnen beginnen sogar, eigene Ideen vorzuschlagen.

Eines Nachmittags versammelt Don Pedro eine Gruppe von Nachbarn auf dem Dorfplatz und sagt: "Dieses Projekt ist wichtig für uns alle. Ich finde, wir sollten Leticia und Alejandro mehr unterstützen."

Doña María nickt. "Wir könnten alte Materialien sammeln, damit sie mehr Windräder bauen können."

"Und wir könnten uns abwechseln, um bei der Installation zu helfen", fügt Don Julián hinzu, diesmal ohne Skepsis.

Leticia und Alejandro, die ebenfalls auf dem Platz sind, hören das mit Begeisterung. Leticia steht auf, um zu sprechen: "Danke an alle für eure Unterstützung. Das hier ist nicht nur unser Projekt, es ist eine Anstrengung der gesamten Gemeinschaft."

In den folgenden Tagen bringen die Nachbarn alle möglichen recycelbaren Materialien in die Werkstatt von Don Manuel. Alejandro sortiert die Teile, und Leticia plant die nächsten Installationen.

Mit der Hilfe der Gemeinschaft installieren sie die neuen Systeme in mehreren Häusern im Dorf. An einem besonders windigen Abend bleibt Leticia auf dem Dorfplatz stehen und betrachtet die Lichter, die aus den Fenstern scheinen. Alejandro kommt dazu und sagt mit einem Lächeln: "Schau, was wir gemeinsam erreicht haben."

An diesem Abend schreibt Leticia in ihr Notizbuch:

"Die Gemeinschaft arbeitet zusammen. Nächster Schritt: Weiter daran arbeiten, das System noch effizienter zu machen."

Vokabelliste

el apoyo	die Unterstützung
la comunidad	die Gemeinschaft
recolectar	sammeln
los materiales reciclables	die recycelbaren Materialien
clasificar	sortieren
planificar	planen
instalar	installieren
el sistema	das System
la energía renovable	die erneuerbare Energie
la batería	die Batterie
la cobertura	die Abdeckung
proteger	schützen
el taller	die Werkstatt
el esfuerzo	die Anstrengung
la mejora	die Verbesserung
ventoso/a	windig
fortalecer	stärken
la técnica	die Technik
unir	verbinden
el turno	die Schicht, der Wechsel
lograr	erreichen

Capítulo 8: Un visitante inesperado

Una tarde soleada, mientras Leticia revisa los molinos en la plaza, ve a un joven caminando hacia ella. Lleva una mochila grande y una libreta en la mano. "Hola", dice con una sonrisa. "Me llamo Daniel. Me encanta el senderismo y he visto las los molinos en todas las casas. ¿Es algún tipo de proyecto?"

Leticia se sorprende por su interés, pero le responde con entusiasmo. "Sí, es un proyecto comunitario. Hemos instalado estos molinos para generar electricidad durante los cortes de luz. ¿Eres de aquí cerca?"

Daniel niega con la cabeza. "No, estoy estudiando sostenibilidad en la universidad de Granada. No tengo clases por el momento y me gusta explorar pueblos pequeños. Esto que veo aquí es increíble."

"Qué bonita coincidencia. Trabajo en la biblioteca de Granada", dice Leticia. Intrigada por su conocimiento, Leticia lo invita a ver los detalles del sistema en el taller. Alejandro, que está comprobando las dinamos, levanta la vista sorprendido. "¿Quién es este?"

"Es Daniel. Está interesado en nuestro proyecto", dice Leticia.

Daniel examina todo con interés. "Este sistema es simple, pero muy eficiente. Esto podría inspirar a otras comunidades en situaciones similares."

Leticia sonríe. "Ese es nuestro objetivo: ayudar no solo a nuestro pueblo, sino a otros lugares también."

Durante los fines de semana siguientes, Daniel pasa tiempo con Leticia y Alejandro, aprendiendo sobre el proyecto y ayudándolos a documentarlo. Leticia se siente cada vez más cómoda con él. Daniel admira no solo su inteligencia, sino también su dedicación al bienestar de su comunidad.

Antes de irse, Daniel dice: "Voy a escribir un artículo sobre esto y lo enviaré a mis contactos en la universidad. Estoy seguro de que atraerá mucha atención."

Leticia le agradece con una mezcla de alegría y nerviosismo. "Eso sería maravilloso. Gracias, Daniel."

Kapitel 8: Ein unerwarteter Besucher

An einem sonnigen Nachmittag, während Leticia die Windräder auf dem Dorfplatz überprüft, sieht sie einen jungen Mann, der auf sie zukommt. Er trägt einen großen Rucksack und ein Notizbuch in der Hand. "Hallo", sagt er mit einem Lächeln. "Ich heiße Daniel. Ich wandere sehr gern und ich habe die Windräder auf den Häusern gesehen. Ist das ein Projekt?"

Leticia ist überrascht über sein Interesse, antwortet aber begeistert. "Ja, es ist ein Gemeinschaftsprojekt. Wir haben diese Windräder installiert, um während der Stromausfälle Elektrizität zu erzeugen. Kommst du aus der Gegend?"

Daniel schüttelt den Kopf. "Nein, ich studiere Nachhaltigkeit an der Universität von Granada. Ich habe gerade keine Vorlesungen und wollte kleine Dörfer erkunden. Was ich hier sehe, ist unglaublich."

"Das ist ein schöner Zufall. Ich arbeite in der Bibliothek in Granada", sagt Leticia. Beeindruckt von seinem Wissen, lädt sie ihn ein, sich die Details des Systems in der Werkstatt anzusehen. Alejandro, der gerade Dynamos überprüft, schaut überrascht auf. "Wer ist das?"

"Das ist Daniel. Er interessiert sich für unser Projekt", erklärt Leticia.

Daniel untersucht alles mit Interesse. "Dieses System ist einfach, aber sehr effizient. Es könnte andere Gemeinschaften in ähnlichen Situationen inspirieren."

Leticia lächelt. "Das ist unser Ziel: Nicht nur unserem Dorf helfen, sondern auch anderen Orten."

An den folgenden Wochenenden verbringt Daniel Zeit mit Leticia und Alejandro, lernt über das Projekt und hilft ihnen, es zu dokumentieren. Leticia fühlt sich immer wohler mit ihm. Daniel bewundert nicht nur ihre Intelligenz, sondern auch ihr Engagement für das Wohlergehen ihrer Gemeinschaft.

Bevor er aufbricht, sagt Daniel: "Ich werde einen Artikel darüber schreiben und ihn an meine Kontakte an der Universität schicken. Ich bin sicher, dass das viel Aufmerksamkeit erregen wird."

Leticia bedankt sich mit einer Mischung aus Freude und Nervosität. "Das wäre wunderbar. Danke, Daniel."

Vokabelliste

inesperado/a	unerwartet
el visitante	der Besucher
la mochila	der Rucksack
la libreta	das Notizbuch
el proyecto	das Projekt
comunitario/a	gemeinschaftlich
sostenible	nachhaltig
la sostenibilidad	die Nachhaltigkeit
eficiente	effizient
inspirar	inspirieren
dedicar	widmen
el bienestar	das Wohlergehen
la comunidad	die Gemeinschaft
aprender	lernen
documentar	dokumentieren
admirar	bewundern
la universidad	die Universität
atraer	anziehen (Aufmerksamkeit)
ayudar	helfen
investigar	erforschen
compartir	teilen
agradecer	danken

Capítulo 9: Reconocimiento y nuevas oportunidades

Unas semanas después de la visita de Daniel, Leticia recibe una carta de la universidad. Es una invitación para asistir a una presentación donde su proyecto será reconocido por su innovación y impacto comunitario. Leticia no puede creerlo. "¡Nos invitan a presentar nuestro proyecto en la universidad!" dice emocionada a Alejandro.

El día de la ceremonia es un sabado. Alejandro viaja a Granada para estar allí también. En el evento, Daniel muestra una presentación detallado sobre el proyecto, destacando cómo un enfoque simple y sostenible puede cambiar la vida de una comunidad rural.

Leticia también tiene que hacer una breve presentación, pero no está nerviosa porque lo ha hecho a menudo en la plaza del pueblo para contar su proyecto a los vecinos. Cuando ella sube al escenario con Alejandro para explicar su trabajo, el público la escucha con atención y aplaude entusiasmado al final.

"Es un honor estar aquí y compartir lo que hemos logrado", dice Leticia al cerrar su presentación. "Espero que este proyecto inspire a otras comunidades a buscar soluciones simples pero efectivas."

Después de la ceremonia, varios asistentes, incluidos profesores y estudiantes, se acercan para hablar con Leticia y Alejandro. Algunos expresan interés en replicar el proyecto en otras regiones, y otros ofrecen apoyo técnico para mejorarlo. Leticia siente que se abre una nueva etapa para su idea.

De regreso al pueblo, los vecinos celebran con alegría. Doña Pilar dice: "¡Estamos tan orgullosos de ti, Leticia! Esto demuestra que incluso un pequeño pueblo puede hacer cosas grandes."

Esa noche, mientras Leticia mira las luces de los molinos desde su ventana, Daniel llama para felicitarla. "La presentación está ganando mucha atención, Leticia. Creo que esto es solo el comienzo."

Leticia sonríe. "Gracias, Daniel. Todo esto fue posible porque creímos en nuestra comunidad."

"Y en ti", añade Daniel con un tono cálido.

Antes de dormir, Leticia escribe en su cuaderno:

"El proyecto recibe reconocimiento. Próximo paso: trabajar en cómo compartir esta experiencia con el mundo."

Kapitel 9: Anerkennung und neue Möglichkeiten

Einige Wochen nach Daniels Besuch erhält Leticia einen Brief von der Universität. Es ist eine Einladung zu einer Präsentation, bei der ihr Projekt für seine Innovation und seinen Einfluss auf die Gemeinschaft vorgestellt werden soll. Leticia kann es kaum glauben. "Wir sind eingeladen, unser Projekt an der Universität vorzustellen!" sagt sie begeistert zu Alejandro.

Der Tag der Zeremonie ist ein Samstag. Alejandro reist nach Granada, um ebenfalls dabei zu sein. Bei der Veranstaltung hält Daniel eine ausführliche Präsentation über das Projekt und zeigt auf, wie ein einfacher und nachhaltiger Ansatz das Leben einer ländlichen Gemeinde verändern kann.

Auch Leticia muss eine kurze Präsentation halten, aber sie ist nicht nervös, denn sie hat dies schon oft auf dem Dorfplatz getan, um den Dorfbewohnern von ihrem Projekt zu erzählen. Als sie mit Alejandro die Bühne betritt, um ihre Arbeit zu erklären, hört das Publikum aufmerksam zu und applaudiert am Ende begeistert.

"Es ist eine Ehre, hier zu sein und zu teilen, was wir erreicht haben", sagt Leticia am Ende ihrer Präsentation. "Ich hoffe, dass dieses Projekt andere Gemeinschaften dazu inspiriert, einfache, aber effektive Lösungen zu finden."

Nach der Zeremonie kommen mehrere Teilnehmer, darunter Professoren und Studierende, auf Leticia und

Alejandro zu. Einige zeigen Interesse daran, das Projekt in anderen Regionen zu replizieren, und andere bieten technische Unterstützung an, um es weiterzuentwickeln. Leticia spürt, dass sich eine neue Phase für ihre Idee eröffnet.

Zurück im Dorf feiern die Nachbarn mit Freude. Doña Pilar sagt: "Wir sind so stolz auf dich, Leticia! Das zeigt, dass selbst ein kleines Dorf große Dinge erreichen kann."

In der Nacht, während Leticia die Lichter der Windräder von ihrem Fenster aus betrachtet, ruft Daniel an, um ihr zu gratulieren. "Die Präsentation bekommt viel Aufmerksamkeit, Leticia. Ich glaube, das ist erst der Anfang."

Leticia lächelt. "Danke, Daniel. Das alles war nur möglich, weil wir an unsere Gemeinschaft geglaubt haben."

"Und an dich", fügt Daniel mit einem warmen Ton hinzu.

Bevor sie schlafen geht, schreibt Leticia in ihr Notizbuch:

"Das Projekt erhält Anerkennung. Nächster Schritt: daran arbeiten, wie wir diese Erfahrung mit der Welt teilen können."

Vokabelliste

el reconocimiento	die Anerkennung
la carta	der Brief
la ceremonia	die Zeremonie
la innovación	die Innovation
el impacto	der Einfluss
la comunidad	die Gemeinschaft
la universidad	die Universität
el artículo	der Artikel
destacar	hervorheben
replicar	replizieren, nachahmen
el apoyo técnico	die technische Unterstützung
compartir	teilen
inspirar	inspirieren
el honor	die Ehre
la experiencia	die Erfahrung
el mundo	die Welt
la solución	die Lösung
la atención	die Aufmerksamkeit
el público	das Publikum
la etapa	die Phase
felicitar	gratulieren
orgulloso/a	stolz

Capítulo 10: Un legado sostenible

Meses después de la ceremonia, el proyecto de Leticia y Alejandro sigue creciendo. El artículo de Daniel se ha difundido ampliamente, y varios pueblos remotos han comenzado a implementar sistemas de microenergía similares con dínamos de bicicletas y pequeños molinos de viento.

Leticia trabaja en la biblioteca de Granada. Sigue amando su profesión y se sumerge una vez más en libros sobre inventos e inventores. Su curiosidad permanece intacta, y quién sabe a dónde la llevará su sed de conocimiento.

Alejandro y su jefe, Don Manuel, continúan coordinando el trabajo de Leticia en el pueblo. Han fundado una pequeña empresa que organiza talleres para otros pueblos interesados en adoptar el sistema energético.

El proyecto también recibe numerosas donaciones en especie. Comunidades y particulares envían dínamos antiguos, ventiladores y otros materiales que se reciclan para los molinos. Este apoyo destaca el carácter sostenible del proyecto y demuestra cuántas personas están dispuestas a contribuir a un futuro mejor.

Una noche agradable, Leticia y Daniel se encuentran para cenar en la Calle Navas, una de las zonas peatonales más bonitas de Granada. Es conocida por sus encantadores restaurantes, bares de tapas y su ambiente animado. Ambos disfrutan de la buena comida, una copa de vino y su mutua compañía. Hablan de sostenibilidad y del impacto que un pequeño proyecto puede tener. Entre ellos hay una conexión especial, un entendimiento mutuo que no necesita muchas palabras.

"Tienes un talento, Leticia", dice Daniel. "Has convertido un problema en una oportunidad y reforzado aún más la comunidad del pueblo."

Leticia sonríe. "Y tú has ayudado a difundir nuestra idea. Gracias, Daniel."

Unas semanas después, el proyecto recibe un premio por innovación y sostenibilidad. Un artículo sobre el pueblo se publica con el título: "Cómo un pueblo remoto encendió la luz del cambio."

Leticia escribe en su cuaderno:

"Cada idea, por pequeña que sea, puede ser el comienzo de algo grande. Si crees en ella, sigue adelante. Las pequeñas acciones pueden cambiar el mundo."

Kapitel 10: Ein nachhaltiges Vermächtnis

Monate nach der Zeremonie wächst das Projekt von Leticia und Alejandro weiter. Daniels Artikel wurde weit verbreitet, und mehrere abgelegene Dörfer haben begonnen, ähnliche Mikro-Energiesysteme mit Fahrrad-Dynamos und kleinen Windrädern zu installieren.

Leticia arbeitet wieder in der Bibliothek in Granada. Sie liebt ihren Beruf weiterhin und vertieft sich auch wieder in Bücher über Erfindungen und Erfinder. Ihr Wissensdurst ist ungebrochen, und wer weiß, wohin ihre Neugier sie noch führen wird.

Alejandro und sein Chef, Don Manuel, führen die Koordination von Leticias Arbeit im Dorf fort. Sie gründen eine kleine Firma, die Workshops für andere Dörfer organisiert, die das Energiesystem übernehmen möchten.

Das Projekt erhält zahlreiche Sachspenden. Gemeinschaften und Privatpersonen schicken alte Dynamos, Ventilatoren und andere Materialien, die für die Windräder recycelt werden können. Dieses Engagement unterstreicht den nachhaltigen Charakter des Projekts und zeigt, wie viele Menschen bereit sind, einen Beitrag für eine bessere Zukunft zu leisten.

An einem schönen Abend treffen sich Leticia und Daniel zum Abendessen in der Calle Navas, einer der schönsten Fußgängerzonen in Granada. Sie ist bekannt für ihre charmanten Restaurants, Tapas-Bars und das lebendige

Ambiente. Die beiden genießen das gute Essen, ein Glas Wein und ihr Zusammensein. Sie sprechen über Nachhaltigkeit und den Einfluss, den ein kleines Projekt haben kann. Zwischen ihnen herrscht eine besondere Verbindung, ein gegenseitiges Verständnis, das nicht viele Worte braucht.

"Du hast ein Talent, Leticia", sagt Daniel. "Du hast ein Problem in eine Chance verwandelt und die Gemeinschaft des Dorfes noch mehr gefestigt."

Leticia lächelt. "Und du hast geholfen, unsere Idee weiter zu verbreiten. Danke, Daniel."

Ein paar Wochen später erhält das Projekt eine Auszeichnung für Innovation und Nachhaltigkeit. Ein Artikel über das Dorf erscheint mit dem Titel: "Wie ein abgelegenes Dorf das Licht des Wandels entzündete."

Leticia schreibt in ihr Notizbuch:

"Jede Idee, so klein sie auch sein mag, kann der Beginn von etwas Großem sein. Wenn du an sie glaubst, bleib dran. Kleine Taten können die Welt verändern."

Vokabelliste

el legado	das Vermächtnis
sostenible	nachhaltig
el artículo	der Artikel
implementar	umsetzen
agradecer	danken
la comunidad	die Gemeinschaft
el paisaje	die Landschaft
optimizar	optimieren
el taller	die Werkstatt
organizar	organisieren
el atardecer	der Sonnenuntergang
el impacto	der Einfluss
persistir	dranbleiben
la oportunidad	die Chance
la conexión	die Verbindung
el entendimiento	das Verständnis
profesionalmente	professionell
compartir	teilen
innovador/a	innovativ
encender	entzünden
el cambio	der Wandel
transformar	verwandeln

Epílogo: Dos años después

Dos años después, la vida de Leticia ha cambiado profundamente. Ella y Daniel son ahora padres de una pequeña hija llamada Sofía. Sus días están llenos de risas, nuevos desafíos y, por supuesto, de muchos descubrimientos. Leticia y Daniel disfrutan cada momento con Sofía, quien llena sus vidas de pequeñas aventuras.

Leticia y Daniel redescubren el mundo a través de los ojos de su hija. Los pequeños momentos cotidianos se convierten en grandes eventos que quieren recordar para siempre. Ya sea la primera risa, una aventura inesperada o el caos creativo de Sofía, cada experiencia es única.

Epilog: Zwei Jahre später

Zwei Jahre später hat sich Leticias Leben grundlegend verändert. Sie und Daniel sind inzwischen Eltern einer kleinen Tochter namens Sofía. Ihre Tage sind erfüllt mit Lachen, neuen Herausforderungen und natürlich mit vielen Entdeckungen. Sie und Daniel genießen jeden Moment mit ihrer kleinen Tochter Sofía, die ihr Leben mit kleinen Abenteuern erfüllt.

Leticia und Daniel entdecken die Welt durch die Augen ihrer Tochter neu. Kleine alltägliche Momente werden zu großen Ereignissen, die sie für immer in Erinnerung behalten möchten. Ob es das erste Lachen, ein unerwartetes Abenteuer oder Sofías kreatives Chaos ist, jede Erfahrung ist einzigartig.

1. El primer descubrimiento

Leticia está sentada en el suelo, observando con fascinación a su bebé, que intenta atrapar una pequeña pelota.

"Mira, casi logra su primer lanzamiento", dice Daniel riendo. "¡Pronto nos superará a todos!"

El bebé grita de alegría cuando finalmente agarra la pelota. Leticia saca su móvil para capturar el momento. "Esto va directo al álbum de familia", dice con orgullo. Daniel rueda cuidadosamente una segunda pelota, y el bebé también la toma. "¡Éxito doble!", exclama él. La familia aplaude y celebra, mientras el bebé sonríe con alegría. Leticia piensa: "Nuestra pequeña inventora empieza temprano."

1. Die erste Entdeckung

Leticia sitzt auf dem Boden und beobachtet fasziniert ihr Baby, das versucht, einen kleinen Ball zu greifen. "Schau mal, sie hat fast ihren ersten Wurf geschafft", sagt Daniel und lacht. "Bald übertrifft sie uns alle!"

Das Baby quietscht vor Freude, als es den Ball endlich festhält. Leticia zückt ihr Handy, um den Moment festzuhalten. "Das kommt ins Familienalbum", sagt sie stolz. Daniel rollt vorsichtig einen zweiten Ball, und das Baby greift auch danach. "Doppelter Erfolg!" ruft er. Die Familie klatscht und jubelt, und das Baby strahlt über beide Bäckchen. Leticia denkt: "Unsere kleine Erfinderin fängt schon früh an."

2. La mañana creativa

Es una mañana tranquila, y Daniel está con Sofía en el jardín. "Este es un limonero", le explica suavemente mientras Sofía toca el pequeño árbol. El bebé se ríe cuando una hormiga camina por su mano. "Sofía no tiene miedo de la naturaleza", dice Daniel orgulloso. Leticia llega con un móvil que ha hecho con materiales reciclados. "Mira lo que he fabricado", dice, y le enseña el juguete a Sofía. Sofía intenta agarrar las formas coloridas que bailan con el viento. "Quizás un día hará sus propios juguetes", bromea Daniel. "O inventará algo que cambie el mundo", añade Leticia. Juntos observan cómo Sofía gluckst y mira fascinada las figuras y colores.

2. Der kreative Morgen

Es ist ein ruhiger Morgen, und Daniel sitzt mit Sofía im Garten. "Das ist ein Zitronenbaum", erklärt er sanft, während Sofía den kleinen Baum berührt. Das Baby gluckst, als eine Ameise über ihre Hand krabbelt. "Sofía hat keine Angst vor der Natur", sagt Daniel stolz. Leticia kommt mit einem selbstgemachten Mobile aus recycelten Stoffen hinzu. "Schau mal, was ich gebastelt habe", sagt sie und zeigt Sofía das Spielzeug. Sofía greift nach den bunten Formen, die im Wind tanzen. "Vielleicht macht sie eines Tages ihre eigenen Spielzeuge", scherzt Daniel. "Oder sie erfindet etwas, das die Welt verändert", fügt Leticia hinzu. Gemeinsam beobachten sie, wie Sofía glücklich glucksend die Farben und Formen bestaunt.

3. La aventura nocturna

Es una noche tranquila, y el bebé se despierta llorando. Daniel salta de la cama y va a verla. "¿Qué te pasa, cariño?" le pregunta con ternura. Leticia aparece con una pequeña lámpara que se carga con movimiento. "Quizás la luz la calme", dice, mientras gira la lámpara hasta que emite un brillo suave. El bebé deja de llorar de inmediato y observa la luz cálida con curiosidad. Daniel la toma en brazos y la balancea suavemente mientras tararea una canción de cuna.

A los pocos minutos, el bebé cierra los ojos de nuevo. "La lámpara fue una gran idea", susurra Daniel. Leticia sonríe: "A veces, las soluciones más simples son las mejores."

3. Das nächtliche Abenteuer

In einer ruhigen Nacht wacht das Baby auf und beginnt zu weinen. Daniel springt aus dem Bett und geht zu ihr. "Was hast du denn, mein Schatz?" fragt er liebevoll. Leticia steht mit einer kleinen, durch Bewegung aufgeladenen Lampe neben ihm. "Vielleicht beruhigt sie das Licht", sagt sie und dreht die Lampe, bis sie sanft zu leuchten beginnt. Das Baby hört sofort auf zu weinen und schaut neugierig auf das warme Licht. Daniel nimmt sie auf den Arm und wiegt sie hin und her, während er leise ein Schlaflied summt.

Nach ein paar Minuten schließt das Baby wieder die Augen. "Das Licht war eine gute Idee", flüstert Daniel. Leticia lächelt: "Manchmal sind die einfachsten Lösungen die besten."

4. La primera risa

Sofía está acostada en su manta de juegos y observa un peluche que cuelga sobre ella. Daniel agita el peluche suavemente y hace ruidos graciosos. Sofía lo mira sorprendida, y después suelta una pequeña risa. "¡Es su primera risa!" exclama Daniel emocionado. Leticia llega corriendo con la cámara para grabar el momento. "Ríete otra vez, pequeña", dice Daniel mientras repite los movimientos. Sofía ríe más fuerte, con un sonido que llena toda la habitación.

"Esta es la primera de muchas risas", dice Leticia. Ambos se sientan junto a Sofía, disfrutando del momento más simple y feliz del día.

4. Das erste Lachen

Sofía liegt auf ihrer Spieldecke und schaut ein Stofftier an, das über ihr hängt. Daniel bewegt das Stofftier sanft und macht lustige Geräusche. Sofía sieht ihn überrascht an und lässt dann ein kleines Lachen hören. "Das ist ihr erstes Lachen!" ruft Daniel begeistert. Leticia kommt mit der Kamera angelaufen, um den Moment festzuhalten. "Lach nochmal, Kleine", sagt Daniel und wiederholt die Bewegungen. Sofía lacht lauter, mit einem Klang, der den ganzen Raum erfüllt.

"Das ist das erste von vielen Lachern", sagt Leticia. Beide setzen sich neben Sofía und genießen den einfachsten und glücklichsten Moment des Tages.

5. El paseo inesperado

Es una tarde soleada, y Daniel lleva a Sofía en su cochecito por el parque. Leticia se detiene junto a ellos y señala una fila de patos junto al estanque. "¿Los ves, Sofía? Es tu primera lección sobre la naturaleza", dice ella. El bebé observa a los patos con gran interés y mueve los brazos emocionada. Un pato se acerca al borde del estanque, y Daniel empieza a imitar su sonido. Sofía se ríe y señala al pato, como si entendiera todo.

"Creo que le gustan los patos", comenta Leticia riendo. De repente, una brisa mueve las hojas de los árboles, y Sofía mira hacia arriba fascinada. "Cada paseo se convierte en una aventura para ella", dice Daniel con una sonrisa.

5. Der unerwartete Spaziergang

Es ist ein sonniger Nachmittag, und Daniel schiebt Sofía im Kinderwagen durch den Park. Leticia bleibt neben ihnen stehen und zeigt auf eine Reihe von Enten am Teich. "Siehst du sie, Sofía? Das ist deine erste Lektion über die Natur", sagt sie. Das Baby betrachtet die Enten aufmerksam und bewegt begeistert die Arme. Eine Ente kommt an den Rand des Teichs, und Daniel fängt an, ihren Ruf nachzuahmen. Sofía lacht und zeigt auf die Ente, als würde sie alles verstehen.

"Ich glaube, sie mag Enten", bemerkt Leticia lachend. Plötzlich weht eine Brise durch die Bäume, und Sofía schaut fasziniert nach oben. "Jeder Spaziergang wird für sie zu einem Abenteuer", sagt Daniel mit einem Lächeln.

6. El primer dibujo

Leticia coloca un papel y unos lápices de colores frente a Sofía. "Hoy vamos a hacer tu primer dibujo", dice con entusiasmo. Sofía agarra un lápiz y lo lleva primero a su boca. "No, Sofía, los lápices son para dibujar", le dice Daniel, mientras toma otro lápiz y hace una línea en el papel. Sofía lo observa y comienza a imitarlo, moviendo el lápiz de un lado a otro. Pronto, el papel se llena de garabatos en varios colores. "¡Es una obra maestra!", dice Leticia, riendo y mostrando el papel a Daniel. Daniel toma el dibujo y lo pega en la nevera con un imán. "Tu primera obra de arte está en exposición", dice.

6. Die erste Zeichnung

Leticia legt ein Blatt Papier und ein paar Buntstifte vor Sofía hin. "Heute machen wir deine erste Zeichnung", sagt sie begeistert. Sofía greift nach einem Stift und steckt ihn zuerst in den Mund. "Nein, Sofía, die Stifte sind zum Zeichnen", sagt Daniel und nimmt einen anderen Stift, um eine Linie auf das Papier zu malen. Sofía schaut ihm zu und fängt an, ihn nachzuahmen, indem sie den Stift hin- und herbewegt. Bald ist das Papier voller Kritzeleien in verschiedenen Farben. "Das ist ein Meisterwerk!", sagt Leticia lachend und zeigt das Papier Daniel. Daniel nimmt die Zeichnung und hängt sie mit einem Magneten am Kühlschrank auf. "Dein erstes Kunstwerk wird ausgestellt", sagt er.

7. La hora del baño

Es la hora del baño, y Leticia llena la bañera con agua tibia. "¿Lista para chapotear, Sofía?" pregunta con una sonrisa. Sofía agita las manos al ver el agua, emocionada por lo que viene. Daniel coloca un pequeño patito de goma en el agua, y Sofía intenta atraparlo. "¡Es rápida como un pez!" dice Leticia riendo, mientras Sofía chapotea con todas sus fuerzas. El agua salpica por todos lados, mojando la camisa de Daniel.

"¡Parece que alguien disfruta mucho del agua!", dice, mirando su ropa empapada. Leticia le da a Sofía una esponja suave y la ayuda a lavarse las manos. Al final, Sofía bosteza, cansada pero feliz.

7. Die Badezeit

Es ist Badezeit, und Leticia füllt die Badewanne mit warmem Wasser. "Bereit zum Planschen, Sofía?" fragt sie mit einem Lächeln. Sofía wedelt mit den Händen, als sie das Wasser sieht, aufgeregt vor Freude. Daniel legt eine kleine Gummiente ins Wasser, und Sofía versucht, sie zu greifen. "Sie ist so schnell wie ein Fisch!", sagt Leticia lachend, während Sofía kräftig planscht. Das Wasser spritzt überall hin und durchnässt Daniels Hemd.

"Jemand scheint das Wasser wirklich zu lieben!", sagt er, während er auf seine nasse Kleidung schaut. Leticia gibt Sofía einen weichen Schwamm und hilft ihr, ihre Hände zu waschen. Am Ende gähnt Sofía, müde, aber glücklich.

8. La primera vez en la cocina

Leticia está en la cocina preparando un puré de frutas para Sofía. "Hoy probas algo nuevo", dice con una sonrisa, mientras coloca un pequeño plato con una cuchara frente a su hija. Sofía toma la cuchara y la lanza al suelo. Daniel empieza a reír. "Parece que tenemos a una artista", bromea. Con un poco de ayuda, Sofía prueba el puré y hace una mueca divertida. "¿No te gusta, pequeña?", pregunta Leticia, mientras Daniel intenta otra cucharada. Sofía agarra el plato con ambas manos, derramando un poco del contenido. "Bueno, aprenderemos juntos", dice Daniel, limpiando la mesa. "Por lo menos le gusta experimentar", responde Leticia riendo.

8. Das erste Mal in der Küche

Leticia steht in der Küche und bereitet ein Fruchtpüree für Sofía vor. "Heute probierst du etwas Neues", sagt sie lächelnd, während sie einen kleinen Teller mit Löffel vor ihre Tochter stellt. Sofía nimmt den Löffel und wirft ihn auf den Boden. Daniel beginnt zu lachen. Mit ein wenig Hilfe probiert Sofía das Püree und macht ein lustiges Gesicht. "Magst du es nicht, Kleine?", fragt Leticia, während Daniel einen weiteren Löffel versucht. Sofía greift den Teller mit beiden Händen, wobei etwas von dem Inhalt verschüttet wird. "Nun, wir lernen gemeinsam", sagt Daniel und wischt den Tisch ab. "Zumindest experimentiert sie gern", antwortet Leticia lachend.

9. El primer paseo bajo la lluvia

Una tarde empieza a llover mientras están en el parque. Daniel coloca la capota del cochecito, pero Sofía saca la mano para sentir las gotas. "Le encanta la lluvia", comenta Leticia con una sonrisa. Sofía empieza a reír cuando una gota cae en su nariz. Daniel abre su paraguas y se lo muestra a Sofía, quien intenta agarrarlo. De repente, Leticia salta en un charco, y Sofía se ríe a carcajadas. "¡Es su primera experiencia con la lluvia!", dice Daniel emocionado. La familia camina lentamente bajo la lluvia, disfrutando del momento. "Creo que este será un día que recordaremos siempre", dice Leticia. Sofía sigue observando las gotas, completamente fascinada.

9. Der erste Spaziergang im Regen

Eines Nachmittags beginnt es zu regnen, während sie im Park sind. Daniel klappt das Verdeck des Kinderwagens hoch, aber Sofía streckt die Hand aus, um die Tropfen zu fühlen. "Sie liebt den Regen", bemerkt Leticia lächelnd. Sofía lacht, als ein Tropfen auf ihre Nase fällt. Daniel öffnet seinen Regenschirm und zeigt ihn Sofía, die versucht, ihn zu greifen. Plötzlich springt Leticia in eine Pfütze, und Sofía lacht laut auf. "Das ist ihre erste Erfahrung mit Regen!", sagt Daniel begeistert. Die Familie schlendert langsam durch den Regen und genießt den Moment. "Ich glaube, das wird ein Tag, an den wir uns immer erinnern werden", sagt Leticia. Sofía beobachtet die Tropfen weiter, völlig fasziniert.

10. La caja de las sorpresas

Leticia guarda algunos objetos pequeños en una caja de madera para jugar con Sofía. "¿Lista para ver qué hay dentro?" pregunta, mientras Sofía observa con curiosidad. Leticia abre la caja lentamente y saca un sonajero. Sofía lo toma y lo sacude con entusiasmo, riendo al escuchar el ruido. Luego, Leticia saca una pequeña bola brillante, que Sofía sigue con la mirada. Daniel entra en la habitación y dice: "¿Qué está pasando aquí?" Sofía le muestra orgullosa el sonajero, agitándolo más fuerte. "Parece que encontró su juguete favorito", dice Daniel, sonriendo. Leticia coloca más objetos en la caja para la próxima vez. "Siempre habrá algo nuevo que descubrir", dice, abrazando a Sofía.

10. Die Überraschungsbox

Leticia legt ein paar kleine Gegenstände in eine Holzbox, um mit Sofía zu spielen. "Bereit zu sehen, was drin ist?", fragt sie, während Sofía neugierig zuschaut. Leticia öffnet die Box langsam und holt eine Rassel heraus. Sofía nimmt sie und schüttelt sie begeistert, während sie über das Geräusch lacht. Dann holt Leticia einen kleinen, glänzenden Ball heraus, dem Sofía mit den Augen folgt. Daniel kommt ins Zimmer und fragt: "Was passiert hier?" Sofía zeigt ihm stolz die Rassel und schüttelt sie noch kräftiger. "Es sieht aus, als hätte sie ihr Lieblingsspielzeug gefunden", sagt Daniel lächelnd. Leticia legt weitere Gegenstände in die Box. "Es wird immer etwas Neues zu entdecken geben", sagt sie und umarmt Sofía.

Y así continúa

Mientras Sofía crece, Leticia sigue fiel a su pasión por los inventos. Inspirada por los desafíos del día a día, comienza a desarrollar nuevos proyectos que puedan mejorar la vida de muchas personas. Trabaja en pequeñas innovaciones prácticas, sostenibles y fáciles de implementar.

Aunque sus días están llenos con su familia y su trabajo, Leticia siempre encuentra momentos para dejar volar su creatividad. "Una buena idea a menudo comienza con una pequeña chispa", piensa mientras anota sus próximos planes. "Nunca sabes hasta dónde te puede llevar."

Und so geht es weiter

Während Sofía heranwächst, bleibt Leticia ihrer Leidenschaft für Erfindungen treu. Inspiriert von den Herausforderungen des Alltags beginnt sie, neue Projekte zu entwickeln, die das Leben vieler Menschen verbessern können. Sie arbeitet an kleinen, praktischen Innovationen, die nachhaltig und leicht umsetzbar sind.

Obwohl ihre Tage mit Familie und Arbeit gefüllt sind, findet Leticia immer wieder Momente, um ihrer Kreativität freien Lauf zu lassen. "Eine gute Idee beginnt oft mit einem kleinen Funken", denkt sie, während sie ihre nächsten Pläne aufschreibt. "Man weiß nie, wie weit sie einen bringen kann."

Vokabelliste Anhang

la profundidad	die Tiefe
los desafíos	die Herausforderungen
los descubrimientos	die Entdeckungen
redescubrir	wiederentdecken
lo cotidiano	das Alltägliche
lo inesperado	das Unerwartete
la fascinación	die Faszination
atrapar	fangen, greifen
el lanzamiento	der Wurf
cuidadosamente	vorsichtig
el orgullo	der Stolz
el reciclado	das Recycelte
colgar	aufhängen
chapotear	planschen
tararear	summen
la carcajada	das laute Lachen
el charco	die Pfütze
la mueca	die Grimasse
experimentar	experimentieren
la exposición	die Ausstellung
el sobresalto	der Schreck/Überraschung
la chispa	der Funke

¡Felicidades!¡

Has terminado el libro con éxito!

Es un gran logro,

y puedes estar realmente orgulloso/a de ti.

Espero que la historia de Leticia, su genial invento, "LUZ PARA TODOS", y los momentos de su vida con Daniel y su hija Sofía te haya traído alegría.

Esta historia no solo busca entretener, sino también inspirarte a seguir aprendiendo español. Cada página, cada palabra nueva y cada expresión que has aprendido es un paso adelante, y puedes estar orgulloso/a de ello. Aprender un idioma no es una carrera, sino un proceso, un camino lleno de descubrimientos que se construye con comprensión, amor por el idioma y, sobre todo, con emoción.

Cometer errores forma parte del aprendizaje, y es completamente normal. Aprender un idioma no significa ser perfecto, sino abrirse a un nuevo mundo donde la comunicación y la pasión sean lo más importante. Aprender con emociones, con entusiasmo y alegría, activa áreas del cerebro que no solo lo mantienen joven y en forma, sino que también te permiten entender el idioma de una forma más profunda y satisfactoria.

¡Deja que el español te inspire! Aprende con entusiasmo, ríete de tus errores y disfruta el proceso. Ya has llegado muy lejos. ¡Sigue adelante y disfruta del aprendizaje!

Herzlichen Glückwunsch!
Du hast das Buch erfolgreich beendet!
Das ist eine großartige Leistung,
und du kannst wirklich stolz auf dich sein.

Ich hoffe, dass dir die Geschichte von Leticia, ihrer genialen Erfindung, dem "Licht für alle", und den kleinen Momenten aus ihrem Leben mit Daniel und ihrer Tochter Sofía Freude bereitet hat.

Diese Geschichte sollte nicht nur unterhalten, sondern auch dazu inspirieren, am Spanischlernen dranzubleiben. Jede Seite, jedes neue Wort und jede Wendung, die du gelernt hast, ist ein Schritt nach vorn, auf den du stolz sein kannst. Sprachenlernen ist kein Wettbewerb, sondern ein Prozess, ein Weg voller Entdeckungen, der sich durch Verständnis, Liebe zur Sprache und vor allem durch Emotionen auszeichnet.

Fehler zu machen gehört dazu und ist völlig normal. Eine Sprache zu lernen bedeutet nicht, perfekt zu sein, sondern sich auf eine neue Welt einzulassen, in der Kommunikation und Begeisterung im Vordergrund stehen. Lernen mit Freude und Begeisterung, aktiviert jene Bereiche im Gehirn, die es nicht nur fit und jung halten, sondern es auch ermöglichen, eine Sprache auf eine tiefere, erfüllendere Weise zu verstehen.

Lass dich von der spanischen Sprache begeistern! Lerne mit Enthusiasmus, lache über deine Fehler und genieße den Prozess. Bleib dran und hab Freude am Lernen!